現憲法に欠落の「緊急事態」新設を!

清原 淳平 著

善本社

第42回国民大会・平成23年５月３日

△　当日の国民大会の正面全景の風景　講演する清原淳平

△　２カ月前の東北大震災の大自然災害と国家緊急事態規定なき日本国憲法！

第44回国民大会・平成25年５月３日

△　当日の国民大会の正面全景の風景　講演する清原淳平

△　尖閣諸島侵犯など外国からの国家緊急事態、その対処規定なき日本国憲法！

第50回国民大会・令和元年５月３日

△　令和元号最初の国民大会、全国公募の「改憲川柳」優秀作品の講評場面

第51回国民大会・令和２年５月３日

△ 「第 51 回国民大会に代えて」 コロナで無人の会場で講評する
清原淳平　このあと、新型コロナ流行、疫病という「国家緊急事態」を
憲法に明記を！との論文を紙上発表した。

現憲法に欠落の「緊急事態」新設を!

目　次

はじめに

筆者は、早稲田大学大学院にて、「世界経済学」を専攻していて、博士課程三年の時、西武グループを創設した堤康次郎衆議院議員（元衆議院議長）の下で、会長室付き総帥秘書室に勤務していた関係で、堤先生に随伴して、当時の岸信介総理大臣に、陳情などのため、総理官邸に参上したことから、何度か、岸信介総理の謦咳に接する機会があった。

また、堤康次郎は、吉田茂元総理と岸信介現職総理のお二人を大層尊敬していて、例の安保条約改訂に際してのデモ騒動の当時、堤の所有する「箱根湯の花ホテル」にて、月一回程度ということで、元総理と現職総理をお招きして三者による「清談会」と称する、慰労夕食懇談会を開催していたので、その設営のため、堤に随行していて、岸信介総理の御面識を得ていた。

西武におけるその総帥秘書室勤務は、毎日四時間とは眠れないかなりの激務であったので、昭和三十五年秋に肋膜炎（結核）を発病して総帥秘書を退職。その後、病を養いながら、哲学や教育学の研究を続け、昭和四十年代後半に、『この教育をどうする！』、『人づくり世直しを考える！』などを出版したことから、哲学者、教育評論家として活動し、何人かの国会議員に招かれて、議員会館会議室で、講演をさせていただいていた。

すると、昭和五十三年秋、そうした国会議員から、岸信介元総理が、議員引退を決意され、昭和五十四年の選挙には出馬せず、既存の岸信介元総理を会長として創設されていた「(財)協和協会」を本格活動させる御意思で、その執行役員を捜しておられるので、清原君を推薦したいとして、新橋にある「日本石油本館」三階にある「岸信介事務所」に同伴され、岸元総理にお目にかかると、かつての箱根湯の花ホテルでのことを覚えておられて、結局、「(財)協和協会」の常務理事兼事務局長に任命された。

そこで、筆者は、岸信介会長の「戦前・戦中・戦後に活動された政・財・官・学・民の各界指導者クラスの方々」に集まっていただき、「日本の大敗戦の原因を検討するとともに、これからの日本をどう持って行くかという国家的課題を検討する」という大テーマのため、各界を駆け回り、翌昭和五十四年一月十六日、各界の指導者クラス百数十名の参加をいただき、発会式を成功させることができ、そして、以後、月二回、月例会を開催することになった。

すると、その翌月であったか、お目にかかった時、岸信介会長から、「君も知っての通り、私は、憲法改正を終生の念願としている。その執行も、君にやって貰いたい」とのお言葉、筆者は、「お任せいただいた（財）協和協会も、緒についたばかりで、とても無理です」とお断りしたが、「君ならできるよ。私が後ろ楯になる」と煽てられ、お引き受けせざるを得ず、以来、岸信介会長の生存中はもちろん、第二代会長の木村睦男元参議院議長を経て、今日まで、四十年以上、岸信介初代会長の精神・活動方針に基づいて活動を続けており、平成二十三年からは会長職を努めてきている。

岸初代会長の精神・方針とは、当時から優勢であった「現行憲法無効・明治憲法復元」を根に置くものではなく、あくまで「現行憲法有効・合法的合理的改正」であった。また岸内閣時代に設置された「内閣憲法調査会」での御体験から、「日本の学者の論述は、欧米に比べて、難しすぎる。一般国民にも理解できる形での改憲案をつくる」というので、筆者は、そうした方針に協力してくれる学者に集まってもらい、昭和五十四年秋から「自主憲法研究会（＝新しい憲法をつくる研究会）」を毎月一回開催し、今日にいたっている。

そうした四十年以上継続している毎月の研究会で、私がいろいろと提起してきた改憲案は、その年の五月三日の国民大会で、会長講話として発表してきているが、その中でも、特に「日本国憲法には、諸外国の憲法にはある国家非常（緊急）事態対処規定がない」ことの問題点に関して、その非常事態の態様、大震災・大津波など自然大災害の事態、尖閣諸島領海侵犯など外国からの事態の二例についてはまとめて、『日本国憲法に国家緊急事態対処規定を！』と題する冊子をつくり、平成二十七年五月三日の国民大会にて発表・出版した。

しかし、令和二年新春から新型コロナウイルスの流行が始まり、政府から「緊急事態宣言」が発せられるに至ったので、本年五月三日の第五十一回国民大会は、この課題を採り上げることにした。

国民大会は、自粛して中止したが、その「新型コロナ流行という国家緊急事態」の論文は、紙上講演の形で発表した。そこで今回、前二例に加え、この「新型コロナ流行という国家緊急事態」を追録して、改めてここに一冊の書籍として、発表することにした次第である。

なにとぞ、御一読いただければ幸甚である。

令和二年九月

新しい憲法をつくる国民会議

会長　清原淳平

一

東日本大震災という国家緊急事態

平成二十三年五月三日の第四十二回　国民大会における清原淳平の講話録

今年の国民大会は、当団体の第三次改憲案の内容説明を申し上げる予定でしたが、本年三月十一日に、東日本大震災が発生し、大津波に加えて福島第一原子力発電所事故という国家的大被害が生じましたので、急遽、テーマを変更し、この問題を取り上げました。

議題と申しますのは、危機管理です。大震災・大津波・原発事故と、これはまさに国難とも言っていい事態です。これに対して、どうも対応が遅いんじゃないかということが、国民一般からも言われております。

で、諸外国の憲法をみるとですね。こういう非常事態には、まず宣言をする。かつ誰がその時の指揮をとるのか、ということを明らかにしているわけです。ところが、残念ながら、わが日本国憲法にはその規定が欠けている、という問題があるわけです。そこで、今年の大会は、そのことを問題にしたい、と思います。

もうひとつ、後半では、平成二十二年の暮れから尖閣諸島沖で中国漁船を制止しようとした日本の海上保安庁の巡視船が、逆に体当たりを食わされて、それに対する日本政府の対応が悪いために、たいへんな侮りを受けた。

また、ロシアにおいては、メドベージェフ大統領が北方領土に上陸した。さらには副首相とかもですね、国防相も北方領土へ上陸した。というような侮りを受けた。残念ながら韓国も、竹島について実効支配を強めている。こうした侮りを受けているのはなぜか、ということについてですね、今日、お話を申し上げたい。

そして単にお話をするというだけではなくて、外国の事例はどうだと。また、日本とすればどういう規定をいまの憲法に置いたらいいか、というところまで踏み込んでみたい、と思います。

一、国家緊急事態、危機管理規定がない日本国憲法

日本は、昔から地震国として知られ、時には大津波があり、そういうのがずっと続いてきているわけです。原発事故だって今回はじめてのように思っておられますけれども、私が調べてみますと、過去に原発で二十回くらい事故が起きていますね。で、そういう中にあって、今回みたいに原発大事故まで生じた場合、いったいどうするのか。ただちに対応しなくちゃいけないのではないか。誰が指揮をとるのか、それが憲法に明記されていないようじゃ困るんですよ。

だから私はですね。「国家緊急事態、危機管理規定を憲法においてくれ」ということを、今日は申し上げたい。

現行憲法に、そうした規定がないのはなぜか。それは、いまの憲法は、日本が戦争に負けて、占領下で、マッカーサー総司令部（ＧＨＱ）がつくって、日本がそれを翻訳して受け入れたからなんですよ。占領下ですからね、当時。だから、国家緊急事態みたいなことが生じた場合はですね、占領下の日本政府でなくて、アメリカ軍がすべて対処するよ、ということだから、書いてないわけなんですよ。諸外国はですね、普通、そういう緊急事態に対する規定を憲法に載せております。

主要独立国のほとんどは規定を置いています。まず、ロシアの憲法を掲げてみましょう。すなわち、

ロシア憲法第八十八条　ロシア大統領は、ロシア連邦憲法および連邦の憲法法律に定める事由が有る場合その手続により、ロシア連邦の全土またはその一部の地域に非常事態を宣言し、遅滞なくこれを連邦会議および国家会議に通知する。

と書いてあります。

それからお隣の大韓民国憲法ですね、韓国憲法第七十六条にこう書いてある。

大韓民国憲法第七十六条① 大統領は、内憂、外患、天災、地変または重大な財政上および経済上の危機においては、国家の安全保障または公共の安寧秩序を維持するために、緊急な措置が必要となり、かつ、国会の招集を待つ余裕がないときに限り、最小限に必要な財政上および経済上の処分をするか、またはこれに関して法律の効力を有する命令を発することができる。

こうしてロシア憲法にも、韓国憲法にも、そう書いてあるわけなんです。

占領下につくられた憲法ですから、日本にはないですけれどもね、非常事態規定をおくのは、独立国であれば当然のことなのです。ですから、そういう規定をおいてくれということを、当団体は憲法改正案をたくさんつくっていますけれど、特に第一次案ですね。全面改正案としての第一次案、これは平成十五年につくりました。それにも書いてありますし、それから平成十九年の第三次案にも書いておきました。第三次案では、第七十八条に次のように置いたわけです。

◎**新憲法第3次案**　第七十八条〔国家緊急事態〕①内閣総理大臣は、国家の独立と安全保障、又は国民の生活、身体もしくは財産に切迫した影響を及ぼす緊急事態が発生した場合において、国家緊急事態を宣言し、必要に応じて緊急命令を発することができる。ただし、緊急命令には、期限を付さなければならない。（②、③は略。なお、百二十四カ条に及ぶ当「自主憲法」第3次案は、竹花光範憲法学会前理事長を中心に研究会を開き、学者・議員・会員有志によって検討され、起案編集された）

二、「緊急事態指揮権」が総理にあることを憲法へ

次に「緊急事態指揮権が総理にあることを憲法に明記してくれ」ということで掲げてありま

す。やはりこれもですね。そういう国家の非常事態が生じたときに、誰が指揮をとるのだろうということを、普通、憲法に明記してあるんですが、日本国憲法には明記していないために、誰が指揮をとっていいか分からない様子なのです。はじめは知事、それぞれ被災を受けた知事の責任だみたいなことをいって、それからしばらくすると官房長官あたりが出て説明するようになった。

それから原発の事故あたりになると、なんだか原子力安全・保安院なんてのが出てきたり、原子力安全委員会なんてのが出て説明する。一体、誰が取り仕切っているのか分からないわけなんですよ。で、こういうことでいいのかどうか。総理が自分が出てやるとなかなか言わない、ということがありますね。

で、どうしてそれがないかといいますと、さっきの非常事態宣言のところでもいいましたように、占領下にできた憲法ですから、そんなことはアメリカ軍がやるんだよと。日本人が占領下でやることはないよ、ということで書かないわけですね。

しかし、諸外国には、国家緊急事態下の指揮権者を明記している例が多い。アメリカなんかではですね、アメリカ合衆国憲法第二条、大統領というところですが、その第二節に〈大統領の権限〕というのがあるんですね。そこに書いてある。

アメリカ合衆国憲法第二条大統領　第二節　〔大統領の権限〕①大統領は、合衆国の陸海軍および現に招集されて合衆国の軍務に服している各州の民兵の総指揮官である。（以下略）

これは、実際の戦争にならないでも、9・11のテロのときもですね、アメリカ大統領が総指揮をとってます。それからよくアメリカでは大ハリケーンがきますね。そういうときも広域災害であれば大統領が指揮をとるのが当たり前になっているわけです。最近、竜巻がありましたけれどもね、あれも何州かにわたった。州知事から要請があるわけですよ。州知事から「これだけの被害になっているから大統領たのむ」ということになれば、すぐに大統領が、オバマさんが指揮をとるわけです。そういう仕組みになっているわけです。ところが日本は誰が指揮をとっていいのか分からないということです。

さらに、例を挙げると、ドイツ連邦共和国基本法第百十五条のbというのがありますが、こ

れは〔連邦首相の命令・司令権〕という項ですけれどもね。ここに書いてあるのは、

ドイツ連邦共和国基本法第百十五b条　〔連邦首相の命令・司令権〕防衛上の緊急事態の公布とともに、軍隊に対する命令権および司令権は、連邦首相に移行する。

ロシア連邦憲法も指揮権について憲法に明記しております。

ロシア連邦憲法第九十条　〔大統領令〕ロシア連邦大統領は、大統領令および命令を公布する。
②ロシア連邦大統領の大統領令および命令は、ロシア連邦の全領域においてその執行を義務づけられる。

というふうにはっきり書いてある。

さらに中華人民共和国はどうか。中華人民共和国憲法の第八十条。これは〔中華人民共和国

主席の職権〕ですけれどもね、そこにこう書いてある。

> **中華人民共和国憲法第八十条**　〔中華人民共和国主席の職権〕中華人民共和国主席は、（中略）緊急事態へ入ることを宣布し、戦争状態を宣布し、動員令を発布する。

とはっきり書いてあるわけなんです。

だから日本国憲法もですね、繰り返しになりますけれども、当団体の平成十九年五月三日起案作成の第三次案第七十八条のような「国家緊急事態宣言」と「指揮権が誰にあるのか」はっきりさせてほしい。そういうふうに憲法を改正してほしいわけです。重ねて掲げますとね、「**内閣総理大臣は、国家の独立と安全保障、又は国民の生活、身体、もしくは財産に切迫した影響を及ぼす緊急事態が発生した場合において、国家緊急事態を宣言し、必要に応じて緊急命令を発することができる。ただし緊急命令には、期限を付さなければならない。**」と、せめて、このくらいのことは書いてほしい。

こういう広域災害においては、まず非常事態宣言をしてですね、総理大臣が総指揮権をもって、全体の指揮をとることを憲法を改正して、明記すべきなんですよ。そういう規定がないから、三月十一日からもう五十数日経ちましたが、いまだにごたごたしているということなんです。そういう点を皆様ご理解いただきたいと思います。

三、「日本国憲法第九条」の規定に問題がある

本日のもうひとつの課題は、冒頭に触れましたが、昨年暮れの尖閣諸島海域での中国漁船の体当たり。これに対する日本の対応が悪かったから、侮りを受けている。ロシアからも大統領が北方領土に上陸したなど侮りを受けている。韓国は竹島の実効支配を強めるということがあった。これはどこに問題があるのか。なんでこんな侮りを受けなきゃいけないんだろう。私は、憲法第九条に大きな問題があると、指摘したいわけです。

第九条の題目は〔戦争の放棄、戦力の不保持・交戦権の否認〕ということになっています。そこには、「**日本国民は、正義と秩序を基調とする国際平和を誠実に希求し、国権の発動たる**

戦争と、武力による威嚇又は武力の行使は、国際紛争を解決する手段としては、永久にこれを放棄する。② 前項の目的を達するため、陸海空軍その他の戦力は、これを保持しない。国の交戦権は、これを認めない。」と書いてある。

近隣諸国からすれば、日本は、陸海空軍その他の武力を有しないし、交戦権さえ認めないっていうんだから、何をやろうが、反撃を受ける心配がない。日本の領土なんてのは、行って侵略し放題だよ、と考えるでしょう。だからこそ、私どもは、第九条を早く改正すべきだと。これこそ、大震災対策規定と並んで、去年の尖閣沖の事件をきっかけに、日本は、憲法を改正すべきだ、と主張しているわけです。

四、憲法をどのように改正すべきか

じゃあ、日本はどういう憲法をもったらいいか。それをいろいろ研究しました。第三次案、これは平成十九年につくったわけですが、私どもの案では「安全保障」という章を設けてですね、ここに七カ条をおいているわけです。

その一部を紹介しますと、第百九条〔自衛権〕というところにですね、「**日本国は自らの独立と安全を守り、急迫不正の侵略に対しては、これに対抗し防衛する権利を有する。**」とあり、さらに第百十条の第一項には「**日本国は、国防軍を保持する。**」と書いてあるわけです。

さらにですね、これもひとつの案ですけれど、当団体の第二代会長をされた木村睦男元参議院議長がですね、平成八年五月三日に、改憲案を出版して発表しています。そこでは四カ条六項目にわたって書いているわけなんです。

私も平成三年ですけれども第九条の本をだしました。そこでは、私は五カ条、十五項目置いている。一カ条に五項目ぐらいおいているわけです。そういうふうに細かく規定しております。というのはですね、いまの日本国憲法はたった一章に〔戦争放棄〕とあって二項しか書いてないわけです。そうするとね、非常に解釈があいまいになるんです。当団体の学者が二十年くらい前ですかね。その当時の憲法第九条に関する憲法学者の見解を洗い出したんですよ。

そうしたところが、なんと十八通りに分かれるってわけなんですよ、解釈が。いまだったらおそらく二十を超えているでしょう。それぞれの字句についてもそうですし、文言がどこにかかるかなどでですね、十八通りにも分かれる。そこがおかしいと思いませんか。

学者が解釈して十八通りにも分かれるなんて、そんな憲法がありますか？　私たちは、数十年前から言っているんですよ。第九条に関しても、小学校の高学年程度の人がね、読んで素直に分かる憲法じゃなくてはしょうがないだろうと。学者が解釈して十八通り以上に分かれるんじゃね、これが憲法といえるのか、ということを言ってきたわけなんです。第九条が一カ条しかないから、かえってこれでは誤解を生じる、いまのような規定の仕方では、いろんな点で誤解を招くと。

だから、むしろ詳しく書いた方がいいんじゃないかと。どういう場合において、武力を行使するのか。どういう条件のもとに国防軍を外国にだすのか、ということを、むしろ細かく決めた方が、国民にとって安心なんだと考えているわけです。当団体の改憲案は、会員の意見をまとめたわけなんですが、木村睦男元参議院議長の案もそうですし、私の案もたくさん条項を書いてあるというのは、それなんですよ。

そういうわけでね。だから本日の国民大会では、「広域災害など危機管理規定」「緊急事態対処規定」という言葉でもいいですよ。まず緊急事態だと宣言し、救済のための財政処置を早急に講ずる規定を憲法においてくださいと。その指揮をとる最高の指揮権者はいったい誰なのかも明文化する。そうした規定を、外国憲法並みに明記してほしい、との主張が、本日のテーマです。

それからもうひとつは、安全保障問題。外国から侮られないように、いまの憲法はちゃんと改正された方がいい。いまの憲法の条文を外国人が見たらね、侮る気持ちを持つのはあたりまえですよ。だからそれを改めてほしい。そして、これら安全保障や危機管理は、ある程度連結するわけですね。

今度の大地震や大津波をみてもね、戦争状態ですよ。戦争状態にあるような惨状を呈しているわけですよ。安全保障と危機管理、これこそは、日本国民への最大の福祉なんですよ。福祉っていうと年金だなんだかんだいろいろありますけれどもね。国の安全を保つってことが最高の福祉なんだ。だからそういう考えでね、きちんと憲法にそういう規定をおいてください。それが、本日の国民大会で、私が申しあげたいことなんです。ご清聴ありがとうございました。（拍手）

（平成二十三年五月三日、国民大会での講演）

二

尖閣諸島侵犯という国家緊急事態

平成二十五年五月三日の第四十四回　国民大会における清原淳平の講話録

みなさん、五月三日というと大連休のなか日ですが、とくに今年の大連休は、前半と後半に分かれて、後半の初日というような状況。そういう状況で、みなさんいろいろとご予定があったと思われますが、こうしてご出席いただきましてほんとにありがとうございます。国を思うということでね。まさに同志でいらっしゃいますけれども、お出でいただだいたことに、心から感謝を申し上げます。

私はお話をするテーマを毎年変えてはおります。しかし、今年のテーマはですね。プログラムにもありますように、「独立国の体裁をなしていない日本国憲法！」ということにさせていただきました。ま、限られた時間ですからね、早速、本題に入らせていただきたいと思います。

ただ憲法の話というのはね、どうしても多少は難しくなりますのでね。資料を用意しておきました。お手元の封筒の中をご覧いただきたいんですが、「独立国の体裁をなしていない日本国憲法！」という題が書いてあるレジメ資料が二枚入っております。それは横書きのものが一枚、縦書きのものが一枚あります。これをご覧いただきながらお聞きくださるよう、お願い申し上げます。

一、植民地と独立国の憲法

まず、そこにははじめに一として、そこに「独立国と植民地ないし半独立国〜」というような表題で書いてあります。こんにちでは、あまり植民地という言葉はお聞きにならないと思います。しかし半世紀くらい前まではね、とにかく植民地の方が多いわけですよ。だから終戦までは、植民地の方がたくさんありまして。これは、だいたい戦後独立しましてね。いまは、国連に加盟している国がだいたい二百カ国くらいあるわけです。

で、植民地とは何かということですよね。植民地といえば、平たく言えば主人に従属した地域、といっていいでしょうね。反面、そうした従属地域を所有する独立国家を宗主国といいます。

では、植民地はどうして生まれたか？　それを少し振り返ってみたいと思います。西暦の十五世紀に大型の帆船が建造されまして、ご承知のように大航海時代というのが始まるわけです。そしてアメリカ大陸などが発見される。

当時の武力を誇る国々、たとえば、当時の大国としては、スペインやポルトガル、イギリス、フランスなどがあったわけですが、そうした武力の強い国々が世界の地域を切り崩していく、そしてそれを占領して支配する。そしてそうした地域に自国民を移民させ移入させて支配させる。そこで植民地という言葉が生まれるわけですね。

当初は、植民地に本国たる宗主国の法律を適用して支配したということがありますが、十八世紀以降になってくると、支配するにあたっても法律をちゃんと決めなくちゃいけないということで、植民地にも憲法を認めるようになるわけですね。

ですから、植民地にも憲法がある。宗主国にも憲法がある。両方に憲法があってわずらわしいじゃないか、どっちにも憲法がある。で、皆さん方どうですかね。独立国というとみんな憲法をもっていると思っていらっしゃる方がおられると思いますけれども。当時は、なにも独立国だけではなく植民地も憲法をもっていたわけですから、よけい混乱するわけです。

じゃあ、植民地と独立国の憲法はどう違うのかということになるわけですね。独立国の憲法というのは定義すると、そこにも書いておきましたけれども「他国に従属しない外交権を持ち、みずからの国はみずから守る体制を有する国家」を独立国と言っていいでしょう。

では、次に植民地というのはどういう特色を持つのかと。植民地にはまず、非常事態への対処規定がないということですね。これはどういうことかというと、これは後に、先年の東日本大震災についても触れますけれども、国であれば、いつかは平常時と違って非常事態が起こるということがあるわけですが、そういう非常事態に対する宣言規定が一般的に植民地にはなかったということですね。

それはどうしてかというと、そういう非常事態が起こったら、すぐ宗主国が対応するんだと。だから、植民地自体に何か非常事態があったと、他の国が攻めてきたとか、大きな自然災害があったという場合でも、宗主国が指揮をとったわけです。だから、植民地にはそういう規定がなくてもいいんだ、ということなんですね。

つぎに、植民地には外交権が無い。仮に規定があっても、その場合は外交権については宗主国の外交権に従うと規定しています。

さらに、植民地には軍事権が無いわけです。一般的に軍事権を持たせると反乱やなんかを起こすといけないということで、こういうのは認めないという方針が、宗主国にある。仮に植民地の憲法に軍隊等を置いたとしてもね、やはりその指揮権は、宗主国から派遣された軍政官等が持つ、という形になっていたわけです。

で、だんだん植民地、従属国というと、だいたい十九世紀くらいになると、「お前の国は植民地だよ。独立国じゃないよ」と露骨にいうと、やっぱりその植民地の人が不快な感じをもつということで、表現を変えるわけですね。

だから、当時の植民地の憲法を見ると、「一般に承認された国際法の諸原則を、国際法の一部として採用する」ってな表現を使うわけ。これは非常に回りくどい話ですけれどもね。国際法の諸原則、それから国際法の一部をとりいれる、という表現は、宗主国に従うということにほかならないわけです。植民地に認められた憲法は、そういうような表現を使うようになった、ということを理解する必要があります。

二、アメリカと憲法

さらに、アメリカの歴史を振り返ってみましょう。アメリカだって植民地から出発したんですからね。コロンブスがアメリカ大陸を発見したのは、一五〇〇年前後でしたね。そうして先ほども言いました。スペインとかフランス、イギリス等々は、南北アメリカ大陸各地へ植民地をつくったわけ。それぞれの宗主国が違って、スペインだったり、イギリスだったり、フランスだったりしたわけです。今のアメリカ東部にも十三州の地域ができた。植民地ができた。で、一七七五年にですね、アメリカ、今の東部にある植民地十三州が集まって、宗主国から独立しようと、とにかく十三州が集まって、独立宣言しようと、運動を起こします。これに対して、主としてイギリスが、異を唱えて、アメリカ大陸に攻め込んでいくわけです。しかし、この十三州の連合軍はイギリス軍と戦って勝利をおさめ、翌年の一七七六年に独立宣言をして、アメリカは独立して、一七八八年にはアメリカ合衆国憲法ができるわけです。そして、十三州から始まったアメリカは、外交交渉で獲得したり、あるいは戦争で獲得したりして、いまのようなアメリカ合衆国の領土が確立してきたわけです。

さらに、一八九八年、十九世紀末ですが、アメリカはスペインと戦いまして、その戦争に勝つわけです。そしてスペインが領有していた植民地であるフィリピン、グアムを獲得するわけです。ハワイなんかもその当時に合併しますけれども。こうして一八九八年、アメリカはフィリピンを植民地としたわけです。

そして、それから下って、第二次世界大戦が始まったころを見てみましょう。当時、アメリカは、植民地フィリピンに憲法を与えているんです。与えてはいるんですが、軍政官を派遣してこれを統治しております。一九三五年ですから、昭和十年ですね。アメリカからフィリピンに派遣されたのが、誰かといいますと、マッカーサー将軍ですね。それまではアメリカの陸軍参謀本部長を務めていたわけなんですが、このマッカーサーにフィリピン植民地政府は元帥という称号を与えました。こうして、マッカーサーは六年間にわたりフィリピンを統治していたわけです。

三、日本国憲法の成立

そして、皆さんご承知のように一九四一年、昭和十六年十二月、真珠湾攻撃によって、日米が開戦すると、当時の日本軍は破竹の勢いで、フィリピンを翌年攻略して、そこにいたマッカーサー将軍は、「アイ・シャル・リターン」という言葉を残して、コレヒドール島という半島から脱出してオーストラリアに退去しました。

戦闘は、ご存知の通り四年間近い激戦の末に、日本は、連合国のポツダム宣言を、昭和二十年八月十五日に正式受諾したわけです。そして九月に、マッカーサー元帥は連合国軍最高司令官として、厚木飛行場に降り立ち、以来、日本を統治するわけです。で、占領政策としてマッカーサーは、大日本帝国憲法に変わる憲法を早くつくれと求めてきたわけです。日本側もいろいろと案文を出したんですが、アメリカのマッカーサーの納得するところとならず、ついにGHQに命じて、いまの現行憲法の日本国憲法の原案をつくった。これを和訳して、そしてただちに日本の国会にかけさせた。一週間前後でつくらせ、和訳したのが、いまの日本国憲法だということは、年輩の方はご承知のことだと思います。

四、植民地フィリピンの憲法

マッカーサーが六年間にわたって統治していたフィリピンの憲法は、どんなことが書いてあるかふれておきましょう。その植民地下のフィリピン憲法第二条の三節というところには「フィリピンは、国策遂行の手段としての戦争を放棄し、一般に承認された国際法規の諸原則を国内法の一部として採用する」。ここでも「戦争放棄」という言葉が出てきます。それから、「一般に承認された国際法規の諸原則を国内法の一部として採用する」ということは、外交権がないということを意味すると解されました。

それから、当時のフィリピン憲法に附則というのがありますが、そこの第一に、「フィリピン市民のすべて、アメリカ合衆国に対し忠誠を尽くす義務がある」と書かれている。さらに附則の第十二には、「アメリカ大統領の命令があれば、フィリピン連邦政府の組織する当該武装部隊及び軍隊を動員する権利を有する」と書いてある。まぁ、軍隊は認めたけれども、それはあくまでもアメリカ大統領の命令によると書いてあるわけ。これが植民地の憲法の特色なわけです。

すなわち冒頭でも言いましたように、植民地・従属国には外交権と軍事権がない。非常事態対処規定もないっていうのが特色になるわけですが、でも、これは、アメリカの方はまだいいと思います。他の国、名前は挙げないですが、植民地に憲法も与えないといった、もっとひどい統治をした国がたくさんあります。アメリカはまだまだいい方です。こういう問題は、私がすでに平成三年の五月に、その詳しい経過を冊子にして出版しました。だいぶ前ですね。二十年前ですか。そして平成四年に、これを土台に、ブレーン出版という出版社がこういう本にしてくれました。これは、出版社がタイトルをちょっと変えてくれまして、『憲法改正入門』とし、副題として『第九条の具体的改正案を提示』としてくれましたが、そこに詳しく書いてあります。

五、植民地憲法の特色

さて「現行日本国憲法が独立国の体裁をなしていない」ということはいまお分かりになったと思いますが、その要旨を繰り返しておきますと、ひとつは非常事態に対処する規定は宗主国が対応するので植民地憲法にないこと、それから外交権は制約されること、そして軍事権は放棄するか制約されること、というところが植民地憲法の特色になってくるわけですね。

一昨年の東日本大震災で、政府の対応が非常に遅かったというのは、非常事態に対する権限・規定が、いまの日本国憲法に規定されていなかったということにも原因があります。一昨年の五月三日の国民大会では、当団体の第三次案の解説を予定していたのですが、三月十一日の東日本大震災が発生しましたので、第三次改憲案の解説は、急遽、一年延ばしまして、わが国の憲法に非常事態の諸規定がない問題に切りかえ、あの東日本大震災の五十日後の五月三日には、皆様にそのお話を申し上げた、という次第です。

すなわち、非常事態が起こった場合には、普通の独立国、主権国であれば、まず誰が指揮をとるのかということが書いてある。それから第二として、非常事態宣言というのを発するわけですね、次にそういう大災害があった場合、お金がかかるわけですから、緊急財政処分という規定がなければいけない。この三つがなければ、時の政府は平成二十三年のように対応が非常に遅れるわけです。平成二十三年の五月三日の国民大会の時は、東日本大震災の五十日後でしたが、この問題を早々と指摘したわけです。

六、非常時の規定があった大日本帝国憲法

なお、前の大日本帝国憲法にははっきり規定がありました。ですから、大正十二年の関東大震災ね。あのときにはですね、九月一日ですけれども、即座にその日のうちに、首相が緊急事態宣言を発しております。そして、その翌日九月二日には、緊急財政処分という、予備費等からちゃんとお金を出すようにした。そのために、あの当時は木造住宅がほとんどで大火となり、多くの死傷者、大きな資産の焼失がありましたが、それでも救済がはかどったということがあ

ります。

　そして、復興に当たっては、実務能力を知られていた後藤新平が内務大臣兼帝都復興院総裁となり、この人が大ナタをふるって、いまの「昭和通り」なんかをつくるわけですね。防火のために広い通りをつくる。あるいは中央線を長く延ばす、というような対策を講じたわけです。しかし、今回は、今の憲法に規定がないことも災いして、なかなかはかどらない、ということがあるわけです。これもまぁ、一昨年も話しましたから、そのくらいにして、次の問題に移りましょう。

七、第九条の問題

　次は、去年の大会でもちょっとふれましたけれども、第九条問題。去年の大会ではいまの憲法では十一章ありますけれども、その章ごとに問題点が多いというのを二〜三挙げたわけですね。そのときに第九条も取り上げまして、いまの憲法の第九条を要約すれば、「武力の行使は永久に放棄する」と書いてある。それから「陸海空軍その他の戦力を保持しない」。三番目には、普通独立国には認められる「交戦権は認めない」と書いてあるわけです。軍事的なことは、もう、すべてやってはだめだと書いてある。

そこで、きょうはこうした植民地体裁の憲法をもっていると、どうなるのか。外交権についてはね、アメリカが具体的に占領してましたから、在外公館を閉鎖させて、実質上外交を許さなかったわけですから、外交権はいったん停止しており、外交権は、独立した昭和二十七年にやっと復活したといっていいでしょう。それまでは実際上占領されているわけですから、どうにもならなかったわけです。以上のべたように、今の日本国憲法は、早く言えば、植民地または半独立国の様相をもった内容だ、ということをご承知いただいて、だからこそ、これは何とか直さなくちゃいけないというのが、我々の考え方なんです。

八、非常時に対処できる憲法の規定　清原試案

次にそのお手元の中に、表題は同じように「独立国の体裁をなしていない日本国憲法」ですが、縦書きのレジメが入っております。それをご覧いただきたい。ここで、考えていただきたいの

は、国家は、平常時が一般ですけれども、非常時だって起こりうる、ということですね。だから、普通の独立国の憲法には、平常時のことも書いてある。しかし、非常事態が起きたときは、こう対処する、ということも書いてある。

ところが、日本国憲法には、危機管理や侵略という課題について平常時についても、ろくに書いていない。非常時についての規定はまったくないということですね。

東日本の大震災でも、時の総理、名前はいいませんが、「自衛隊の総司令官は自分なの？」って聞いたという話がありますけれども、あの大震災の時、誰が総指揮官なのかということもご存知ない。だから、誰が指揮をとるのか、憲法上はっきりさせておかなければならない。

そして、その指揮をとる人が、「いまは非常事態なんですよ」という非常事態宣言をしなければならない。そして次に、その救済に当たるために、資金を、お金を、出さなければならない。それを、「緊急財政処分」といいますが、緊急にお金を出すよという処置を講じなければならないわけです。まず、この問題から入っていきたいと思います。

じゃあ、どういう規定をおいたらいいのか、ということですね。それが縦書きでちょっと、枠囲みにしてありますけれども、第二章というのを置いてみました。

第二章 〔天変地異ないし産業大事故に対処するための危機管理〕

第九条 〔大震災・大津波・大事故対策〕

① わが国が、地震国であり、火山噴火国であり、また、時には大津波に襲われる国柄であることに思いをいたし、国は、全国の複数個所に、断層のない堅固な地盤を選定し、人命救助のためのヘリコプター、重機、医薬品、食料、燃料などを備蓄する常設の基地を設ける。

② 国は、国民に被害を及ぼすような、暴力テロ、薬物・生物テロ、あるいは、インフルエンザの流行など、広域被害の可能性について、日頃から情報を集めて予防策を講じ、もし、そうした事態が顕在化した場合には、直ちに、対処する措置を講ずる。

③ 原子力発電所ないし特別大きな被害をもたらす可能性のある化学処理工場などについては、万一、事故が発生し、また国外・国内テロ行為に対処するため、諸外国なみに、警察機動隊ないし国防軍をして、日頃から警護するものとする。

で、「天変地異ないし産業大事故に対処するための危機管理」。こういうときのために、この試案の第九条として、大震災・大津波・大事故対策としたわけです。これは、予防的、事前的対策として、平常時から、こういう規定を置いておくべきだ、ということです。そこでまず最初に、「①わが国が、地震国であり、火山噴火国であり、また、時には大津波に襲われる国柄であることに思いをいたし、国は、全国の複数個所に、断層のない堅固な地盤を選定し、人命救助のためのヘリコプター、重機、医薬品、食料、燃料などを備蓄する常設の基地を設ける。」というような規定を置いたらどうか。

これは、ロシアとかドイツなどはかなり詳しく書いておりますから、日本もこれくらいのことを書いてもいいのではないか。

それから第二項ですね。「②国は、国民に被害を及ぼすような、暴力テロ、薬物・生物テロ、あるいは、インフルエンザの流行など、広域被害の可能性について、日頃から情報を集めて予防策を講じ、もし、そうした事態が顕在化した場合には、直ちに、対処する措置を講ずる。」という規定も置いておきたい。

それから第三項として、「③原子力発電所ないし特別大きな被害をもたらす可能性のある化学処理工場などについては、万一、事故が発生し、また国外・国内テロ行為に対処するため、諸外国なみに、警察機動隊ないし国防軍をして、日頃から警護するものとする。」。アメリカやフランスなど、原発をもっている国では、軍隊が護衛しております。

条文には、警察機動隊としましたが、よその国では特別武装警察というような表現もありますね。国際テロ組織でも、バズーカ砲なんかをもっている場合もありますから、これに対して、ピストルだけでいいのか、ということもあります。とにかくいずれにしろ、原子力発電所などを守るには、よその国では国防軍を出している。日本もそうすべきじゃないか、ということを書いてある。

第十条（大震災・大津波・大事故が発生した場合の対処）

① 大震災・大津波・大事故に備え、一都道府県にとどまると否とに関わらず、天変地異あるいは構造物大事故が発生した場合は、内閣総理大臣が判断し、直ちに救済のための指揮をとる。

内閣総理大臣は、状況に応じ、担当国務大臣を指名し、指揮をとらせることができきる。

② 内閣総理大臣は、状況により、国家非常事態宣言を行い、また、その対策のため、予備費などから緊急財政処分命令を発する。

その場合は、事後に国会の承認を求めなければならない。

③ なお、大震災・大津波・大事故への救済にあたり、消防、警察、労力提供者だけでは、救済がむずかしいと判断する時は、内閣総理大臣は、国防に妨げない範囲で、国防軍に出動を命ずることができる。

次にこの第十条。今度は現実化した場合ですね。この大震災・大津波・大事故が現実に発生した場合の対処がここに書いてある。「①大震災・大津波・大事故に備え、一都道府県にとどまると否とに関わらず、天変地異あるいは構造物大事故が発生した場合は、内閣総理大臣が判断し、直ちに救済のための指揮をとる。内閣総理大臣は、状況に応じ、担当国務大臣を指名し、指揮をとらせることができる。」これは、たとえば阪神淡路大震災、兵庫県が中心だったですけれども、ここに「一都道府県にとどまると否とに関わらず」と書いたのは、やっぱり被害が大きいと判断した場合には、仮に関東大震災のように東京市が中心であったり、阪神淡路大震災のように兵庫県であっても、これは大災害である、一地方自治体に任せておけない、ということでね、やっぱり総理が指揮すべきだ、ということを記述したわけです。

それから、②のところ、「②内閣総理大臣は、状況により、国家非常事態宣言を行い、また、その対策のため、予備費などから緊急財政処分命令を発する。」

これは、さっきも述べたように、まず指揮者たる総指揮官が決まって、その人が状況を見て国家非常事態宣言を発する。そしてさらに、緊急財政処分ができるようにしておく。これは、阪神淡路大震災でも、東日本大震災の場合でも、瓦礫の下に埋もれた人を、一刻も早く助け出さなければならない。あるいは怪我した人のために一刻も早く手当てをしなければならない。それから、道路の復旧のためにも大きなお金がかかる、ということですから、早く予算措置を講じなければならない、ということですね。

しかし、その次に、「その場合は、事後に国会の承認を求めなければならない。」とした。こうした非常事態では、事前に承認を受けている時間的余裕はないですから、こういう緊急事態の場合は、事後に国会の承認を求める、ことになります。

さらに「③なお、大震災・大津波・大事故への救済にあたり、消防、警察、労力提供者だけでは…」。労力提供者としたのは、その地域の消防団やボランティアのことなんですけれども、「ボランティア」という表現では憲法の条文に合うかなということで、「労力提供者」としたんですが、その「労力提供者だけでは救済が難しいと判断する時は、内閣総理大臣は、国防に妨げない範囲で、国防軍に出動を命ずることができる。」と書いてあります。

「国防に妨げない範囲で」と書いたのは、東日本大震災のときに時の総理は十万人を動員したわけですね。陸上自衛隊を中心に十万人を動員したわけですね。そのためにですね、国防力が非常に低下した、という事態があります。一挙に十万人を動員しても、私が自衛隊の方に聞いた話では、寒い中、救済に当たれるのは限られた人だけ。あとは後方で待機していなくちゃいけない。寒さに耐えながら待機していたということがありますから、こう書いた。しかも、戦国時代もそうですが、自然災害があったからといって、近隣諸国は猶予してくれるとは限らない。むしろ、それを好機と見て攻め込んでくる場合も多い。東日本大震災の折も近隣諸国の戦闘機が接近してきて、自衛隊機のスクランブルが大幅に増加した事実もあります。

まず、レジメにある第十一条をご覧ください。

第十一条〔平時における国防軍〕

① 国は、独立国家として、国民、およびその領土・領海・領空を護るために、国防軍として陸海空軍その他の戦力を保持する。

② 国防軍の最高指揮監督権は、内閣総理大臣に帰属する。

③ わが国は、国際協調主義を基調とし、侵略戦争を否認する。ただし、国際社会で認められる自衛権は保有する。

④ 内閣総理大臣は、加盟している国際連合憲章に基づき、その要請・依頼に基づき、国際秩序の形成、維持、発展のため、国防軍を他国に派遣することができる。その場合は、事前ないし事後に国会の承認を得なければならない。

⑤ 国際連合により、停戦監視、救援、輸送、医療、難民救済などにつき要請のあったときも、その目的のため、陸海空軍その他の人員を海外へ派遣することができる。

⑥ 国は、批准・加盟している国際連合憲章第五十一条に基づき、個別的自衛権とと

もに集団的自衛権を保有する。
⑦　わが国と同盟関係を締結した国との間では、特に否定しないかぎり、集団的自衛権の行使は当然である。

この条文は、実際に、外国からの侵入・侵攻がある場合で、そうした事態での安全保障対策についても、きちんと規定した方がいい。

いまの憲法はですね、第九条の規定は、二十年近い前にですね。当団体に参加された憲法学者が、いろいろ調べた結果、第九条の規定のそれぞれの用語をどう解釈するか。あるいは二項の冒頭の「前項の目的を達するため」がどこにかかるかをめぐって、学者によって十八通りの考え方がある、ということを研究した方がおります。

学者が集まって十八通りも見解が分かれるようなものを置いといていいものかと。こういう規定こそ、小学校の高学年が読んですぐ分かるようじゃなければ困るじゃないか、ということなんです。

だから、第九条という一カ条だけじゃむしろ誤解を生む。五〜六カ条にわたって具体的な規定をもっと設けておいた方がいい。詳しく書いた方が、国民も理解するということなんです。

そこで、私はこの試案の第十一条を置いてみたわけです。これは、平時における国防軍ですね。①として、「国は、独立国家として、国民、およびその領土・領海・領空を護るために、国防軍として陸海空軍その他の戦力を保持する。」。「国防軍として」という言葉は、平成十五年に起案した私どもの第一次改正案で、すでにこの言葉を使っています。それから②として「国防軍の最高指揮監督権は、内閣総理大臣に帰属する。」。これも前に説明しました。「③わが国は、国際協調主義を基調とし、侵略戦争を否認する。」。これは現行憲法の第九条では「放棄」という言葉を使ってますけれどね。これは再三過去の大会でも私がいいましたけれども、「放棄」という言葉はね、「相続放棄」という言葉があるように、「相続権」という権利があるけれども、それをあえていりませんよ、という場合が「放棄」という用語なんです。そうすると、現行憲法の第九条の解釈では、一般にこれは侵略戦争を放棄したのだと解されていますから、すると「侵略戦争」は正当な権利かということになり、法的におかしい。これは、「否認」という言葉を使うのが正しい。否認というのは、正当な権利のあるなしにかかわらず、認めない、という法律用語です。お隣の韓国憲法でも「否認」といっている。なお、③のところに但し書をおいた。「ただし、国際社会で認められる自衛権は保有する。」とはっきりと、ここで言った。これは、独立国家の憲法として当然なことだからです。

次に「④内閣総理大臣は、加盟している国際連合憲章に基づき、その要請・依頼に基づき、国際秩序の形成、維持、発展のため、国防軍を他国に派遣することができる。その場合は、事前ないし事後に国会の承認を得なければならない。」とした。

それから「⑤国際連合により、停戦監視、救援、輸送、医療、難民救済などにつき要請のあったときも、その目的のため、陸海空軍その他の人員を海外へ派遣することができる。」⑥「国は、批准・加盟している国際連合憲章第五十一条に基づき、個別的自衛権とともに集団的自衛権を保有する。」。これは、「国連憲章」に、はっきりそう書いてあるんですからね、はっきり書いておいた方がいい。日本だけが、「集団的自衛権はあっても行使できない」なんて解釈を採る必要はない。

それから「⑦わが国と同盟関係を締結した国との間では、特に否定しないかぎり、集団的自衛権の行使は当然である。」。同盟国である以上、当然集団的自衛権行使はあたりまえ。いまの日米安全保障条約、これにも冒頭に、「個別的又は集団的自衛権の固有の権利を有していることとを確認し、」と書いてありますから、この条約を国会で承認し批准公布したのですから、当然これは許されるわけです。

第十二条〔他国からの侵略など国家非常事態への対処〕

① 日本国は、自らの独立と安全を守り、急迫不正の侵略を受けた場合は、これに対抗し、防衛する権利を有する。

② 他国からの侵略、国際テロ、内乱などが生じた時は、内閣総理大臣が総指揮をとる。内閣総理大臣が欠けた時は、副総理大臣、副総理大臣も欠けた場合は、国会議長、さらに憲法裁判所長官が、これに当たる。

右の場合、その意を受けて、防衛大臣が、統合幕僚長および陸・海・空各幕僚長の意見を聞き、その実際の指揮に当たる。

③ この場合、安全保障条約を締結している国と、早急かつ緊密に連絡をとり、戦略的・戦術的に効果的な対策を講ずる。

この第十二条も読んで字の通りですが、一応解説しておきましょう。まず、「①日本国は、自らの独立と安全を守り、急迫不正の侵略を受けた場合は、これに対抗し、防衛する権利を有する。」。独立国ですからね。

それから、「②他国からの侵略、国際テロ、内乱などが生じた時は、内閣総理大臣が総指揮をとる。内閣総理大臣が欠けた時は、副総理大臣、副総理大臣も欠けた場合は、国会議長、さらに憲法裁判所長官がこれに当たる。」。

これは、どういうことかというと、閣議を開いているときに、テロがあって、閣僚全員が死ぬなんてことも考えられないわけじゃない。そういう場合にどうするかも書いておかなければならない。アメリカの憲法には、大統領に何かあった場合にどうするか。次々に書いてます。やはり最高裁判所の長官まで出てきます。それと同じように誰が指揮をとるのかを書いたわけです。

ただ「右の場合、その意を受けて、防衛大臣が、統合幕僚長および陸・海・空各幕僚長の意見を聞き、その実際の指揮に当たる。」。軍事侵略を受けた場合に、軍事戦略の知識が十分でない総理が、細かい戦術的指導はできませんから、専門家の意見も聞いて当たらなければなりませんよ、ということです。

「③この場合、安全保障条約を締結している国と…」たとえばアメリカですね。「早急かつ緊密に連絡をとり、戦略的・戦術的に効果的な対策を講ずる。」としました。これも必要なことですから、はっきりと書いておく。これくらい書いておけば、国民も分かってくださると思うんです。

へたにいまのように、一カ条だけおいて、学者が集まって十八通りにも見解が分かれては、かえって混乱する。非常事態の場合、大震災、安全保障事態についても、これくらいのことは書いておいた方がいいんじゃないかと。その方が、国民もよく理解できるんではないかということで、私はあえて試案として、この問題をこの大会で提起したという次第であります。

では、時間がきているようですから、これで終わります。皆様、ご清聴いただきましたことに、心から感謝を申し上げます。ありがとうございました。（拍手）

（平成二十五年五月三日、国民大会での講演）

三

新型コロナ流行という国家緊急事態

令和二年五月三日の「第五十一回　新しい憲法をつくる国民大会に代えて」

清原淳平の紙上発表の内容

問題提起　新型コロナ流行という国家緊急事態

中国武漢から始まった新型コロナウイルスは、いまや世界中に蔓延して多大の被害を生じており、わが国でも重大局面を迎えている。それに伴い、安倍総理が令和二年四月七日に発令された「緊急事態宣言」をはじめとする対処方法について、国内各方面から、甲論乙駁がある。例えば、先進諸外国に比べて、日本の対応が遅いとか、政府の休業要請に応じたのだから、生活補償をしてくれ等々、いろいろと問題が噴出しており、また、それに対して報道でもさまざまな意見が出て、混乱が生じている。

そこで、私は四十年以上前から、法制度理論を重視するドイツをはじめとする「大陸法系の憲法学」を土台とする憲法改正学を続けて来たので、その立場から問題点を整理し、国民の皆さまの御参考に供したいと思う。

なお、ここに述べることは、大陸法系憲法学の立場からの論証であって、誰かを批判したり、誰かを擁護するものではなく、学問の見地から出てくるものであることを、最初にお断りしておく。

まず、国民の間からも出ている「政府の対応が遅い」との批判について、結論的に言えば、独立主権国家の憲法には「国家非常（緊急）事態対処規定」があるのが原則であるが、わが日本国憲法にはない、という問題がある。

すなわち、西欧諸国をはじめ、アジアでも中国憲法や韓国憲法には明文があるので、迅速対処ができるのに、日本国憲法にはないため、迅速対応がむずかしいという、わが国特有の問題があることを、認識していただきたい。

一、西欧諸国憲法には、なぜ国家非常（緊急）事態規定があるのか？

それは、西欧諸国の歴史を研究すると分かり易い。すなわち、ヨーロッパ大陸で、古代にはスパルタやアテネといった都市国家であったが、中世になると、財力と武力を得た人物が、一定の土地を囲い込んで国家成立を宣言し、そうした専制君主が、その地域内の住民を自己の所有物のごとく酷使するなど、独裁的な政治を行っていた。中世の西欧は、そうした専制君主の圧政に苦しんだ時代であった。

そして、やっと近世に入って「人間は本来、生まれながら天から与えられた侵すべからざる基本的人権を有している」という『天賦人権』を説く思想家が現れた。中世の庶民は、この天賦人権思想に力を得て、専制君主に改善を迫ったが、専制君主は、かれらを牢へ入れ、人命を奪い、土地家屋を取り上げるなど圧政を行った。そうした犠牲を経て、庶民は、根気よく君主と交渉し、徐々に、生命・身体の保障、さらには、君主の絶対権とされていた立法・行政・司法へ参加することを認めさせる契約（憲法）を作らせることに成功した。

つまり、「憲法」は、まず個人の基本的人権尊重という大原則があり、それを制約するには、同じ憲法中に明文があることが条件となった。

二、ドイツ中心の法制度理論に、御理解を！

学問上、イギリスは裁判例を重視する「英米法系」だが、ドイツを初め大陸諸国は法制度理論を重視する「大陸法系」であり、一七〇一年に生まれたプロイセン王国でも、住民と国王が契約（憲法）を結び、立法・行政・司法に逐次、国民を参加させた代表的な国の一つである。

日本も、一八七一（明治四）年に、岩倉具視ら明治の元勲が欧米へ出向き、憲法はじめ教育制度や科学技術を視察し、その後、伊藤博文は、一八八二（明治十五）年に訪欧して、ベルリン大学やウィーン大学でプロイセン王国から発展したドイツ帝国憲法のレクチャーを受け、帰国後、本格的に「大日本帝国憲法」の案文づくりに取り組み、明治二十二年公布、翌二十三年施行した、という経緯である。

しかし、その強大なドイツ帝国も、第一次世界大戦に敗れ帝政は崩壊し、ドイツ国民は共和国として、一九一九年に「ワイマール憲法」を制定した。この憲法は民主主義憲法の模範とされたが、ヒトラーの出現によって、その権限をヒトラーに移譲したが、そのヒトラー政権も第二次世界大戦に敗れ、勝者の連合国は、敗戦国ドイツにヒトラー憲法ともいうべき全権委任法の改正を要求した。

ドイツは、一九〇七年制定の国際条約「陸戦の法規慣例に関する条約」（＝ハーグ条約）の「占領下では、法制改革をしない」との規定に反するとして拒否したが、連合国の圧力でやむなく、「占領下での基本法」として、連合国案を承認した。

そして、ドイツは、連合国との講和条約の発効により独立国（一九五五年五月）となるや、「独立主権国家となったからには、自分の国は自分で護るのは当然」として再軍備し、また、基本的人権の大原則を掲げて、国家は平時ばかりではなく非常時もあるので、「国家非常事態対処規定」を憲法に置くのも当然として、独立主権国家に相応しく、その「基本法」を改正してきた。

私はかつて、ドイツ連邦共和国基本法を調べてみて驚いた。その基本法には、まず最初の第一章が「基本権」であり、そこに各基本的人権が十七カ条並び、次に第十八条〔基本権の喪失〕、第十九条〔基本権の制限〕規定があり、さらにその第八〇条以降に、国家の非常事態の際に、対処すべき事項が細かく記されているからであった。

筆者は、ここまで詳しく憲法に書かないでも、法律に委任すればよいのにと思ったが、そこは、法理論に厳格なドイツなので「基本的人権の大原則」を制約することは、極めて重要なことだから、同じ基本法（憲法）の中に書くべきだ、というのが、その考え方であると気が付いた。

したがって、今回の新型コロナウイルス大感染の場合、ドイツはそうした各種の国家非常事態について、憲法たる基本法に細かく書いてあるだけに、その下の法整備と具体的準備も出来ており、こうした場合の医療体制の準備もあったので、欧米諸国の中でも、感染者に対する死亡率が、ぐんと低くなっている。

三、「非常事態対処規定」と「上位法・下位法の原則」

上述の近代憲法理論からすれば、独立主権国家であれば、大原則である基本的人権尊重主義を制約するには、同じ憲法の中に「非常（緊急）事態対処規定」を置くことは、原則である、と考えられている。

それには、ことの重要性のほかに、「上位法・下位法の原則」が働く。それは、法制度には（いま国際法はおくとして）国内法では、憲法↓法律↓内閣の政令↓自治体の条例、という具合に、最上位の憲法の下にそれぞれ位の下のものがある、との考え方である。そうしないと法制度が保たれないからである。

この理論からすれば、上位たる憲法に根拠規定がないのに、法律で作ることはできないことになる。それからすると、平成二十四年、民主党の野田政権時代、インフルエンザが猛威を奮った時、法律第三十一号で「新型インフルエンザ特別措置法」を作って対処したのは、憲法の「基本的人権の大原則」を多少なりとも制約した点で、「上位法・下位法の原則」に反し、違憲と言える。

しかし、民主党は、憲法改正反対なので、苦肉の策として、あえて、この法理を無視して、この特別措置法を作ったとも解せられる。しかし、今回の新型コロナウイルス流行で、改憲を掲げる安倍政権が、これを踏襲したのは、いかがかと思う。

四、「国家非常（緊急）事態」には、どういう場合があるか？

西欧では、中世の専制君主国家間での争い・殺し合いがあり、近世・近代に至っても、より規模の大きい戦争が継続して、国民としては、戦争こそ最高の非常事態であったので、憲法に「国家非常事態」として、他国との戦争や内乱を挙げる場合が多い。

しかし、現代憲法には、対外戦争や内乱だけではなく、大台風、火山噴火などの自然大災害もあり、次いで産業興隆に伴い石油精製工場・原子力発電所の爆発事故など人為的な大災害も加わり、さらにペストなどの疫病も認識されるようになる。

特に日本などは、地球環境上、昔から、大地震や大津波、火山噴火、大台風・洪水等々、自然災害が多く、諸外国に比べ、「国家非常事態」の態様が多いのに、その日本の憲法に、「国家非常（緊急）事態対処規定」がないのはおかしい、ことを御認識いただきたい。

五、現行憲法に、「非常事態規定」がないのはなぜか？

現行憲法の前の、いわゆる明治憲法には、その第八条に「…ソノ災厄ヲ避ケル為緊急ノ必要ニ因リ…勅令ヲ発ス」とあり、そのあとに「…財政上必要ナ処分ヲ為スコトヲ得」との規定があったが、現行憲法にはない。それはなぜか？

日本の敗戦・降伏により、日本を占領・統治した連合国軍総司令官マッカーサー元帥としては、戦勝国政府が求めた天皇制廃止をすれば、日本人は女性や子どもまで立ち上がり、自分の統治は失敗すると考え、そこで、天皇制を残し、国会・内閣・裁判所も残し、その上に立って間接統治する方法を選んだ。

そして、結局、連合国軍総司令部（ＧＨＱ）の職員の中から選抜した職員による「日本国憲法起草委員会」に起案させた現行憲法は、戦争放棄であり、「国家非常事態対処規定」も置かせなかった。それは、占領下の日本の主権者は自分であり、外敵が日本を攻撃すれば、それは、マ元帥自ら米軍を率いて対処する（朝鮮戦争勃発の場合は正にそうした）。また、自然災害として、昭和二十二年九月に大台風（占領下なので、米軍は「キャサリーン台風」と称した）が関東・東北地方を襲い、死者・行方不明者合計二〇〇〇人に及んだが、その救済についても、日本人任せにせず、マ元帥をはじめ、米軍がその総指揮を執っている。

つまり、マ元帥は、昭和二十一年の一月三十日に、戦勝国政府の代表「極東委員会」メンバーに対し、やがてでき上がる日本国憲法は、「日本人自身が作成したと思わせる方策をとる」と述べているように、現行日本国憲法は、実は、マ元帥による日本統治を成功させるための「占領政策憲法」である。

したがって、マ元帥は、占領下の日本は、独立主権国家ではないのだから、第九条に、①武力行使の永久放棄、②陸海空軍の不保持、③（国際法上独立国には認められる）交戦権否認、という三原則を科した。また、大台風による大災害が発生した場合にも、当然のこととして占領軍が総指揮を執っている。つまり、現行「日本国憲法」は、非独立主権国家憲法の体裁である。

六、「国家非常（緊急）事態宣言」と「国家の補償責任」との関係！

次に「緊急事態宣言」と「国の補償責任」に入る。今回の新型コロナウイルス対策にしても、日本では、その意味が分かっていないようなので、解説する。

上述したように、ドイツを初めとした法制度理論に立てば、基本的人権は西欧人が苦労して勝ち取った大原則であるが、しかし、国家には、平時ばかりではなく、既述したようにさまざまな非常時もある。

その場合、日本国憲法のように、憲法内に基本的人権尊重規定は列記されているが、「国家非常事態対処規定」がなく、したがって「国家非常事態宣言規定」もない場合、上述の「大陸法系の法理論」からすると、どうなるか、を考えてみていただきたい。

ドイツ基本法に遡らないでも、日本国憲法にもその第十一条に「この憲法が国民に保障する基本的人権は、侵すことのできない永久の権利として、現在及び将来の国民に与えられる。」として、「基本的人権尊重の大原則」が掲げられており、それ以降には、「生命・身体の自由」とか「集会・結社・表現の自由」とか「居住・移転・職業選択の自由」等々の保障規定が、列記されている。しかも、第十七条〔国及び地方公共団体の賠償責任〕には、国家の指示により、損害を受けた国民は「その賠償を求めることができる。」と明記されている。

つまり、西欧の法制度理論からすれば、国及び地方公共団体が、国民に、集会を制約し、住居から出るなとか、営業停止を指示した場合には、その相当額を補償をするのが原則なので、国側の負担は大きい。

そこで、ドイツなど大陸法理論では、そのため、国家（行政府）の長が、まず「国家非常事態宣言」を発する。その意味は、国民全体の利益のため必要なのだから、国民も、全額補償といわないで、協力金程度で我慢してほしいという、約束事なのである。

しかし、日本では、憲法に「国家非常事態規定」もなければ、「国家非常事態宣言規定」もない。そこで、国側は、自粛要請のお願いをするしかない。もし、家から出たり、営業停止要請に対し従わない場合に、逮捕だ罰金だとしたら、国民から、損害賠償の訴訟を起こされても仕方がないのである。

日本も、独立主権国家だというのなら、筆者が、毎年五月三日の国民大会で折りにふれ発言しているように、まずは、「国家非常事態対処規定」を憲法改正の議題として、早急に実現すべきである。

なお今回、国は憲法に規定なしに、特措法により「緊急事態宣言」を発出し、それも各自治体に権限移譲している感があるが、諸外国では、過去の体験上、非常時の場合にこそ、武力による政権転覆や内乱が発生しやすいことを恐れ、「国家緊急（非常）事態宣言」を出せるのは、行政府の長の専権事項とし、そして、その総指揮官はやはり行政府の長（大統領とか総理大臣）に限るのが原則なので、ここに、付言しておく。

（以上までは、令和二年五月三日に発表した論文）

七、以上の論文を発表後の状況を観察して追記したいこと！

日本では、令和二年の新型コロナウイルス流行に際し、内閣総理大臣より前に、地方自治体の長が、緊急事態宣言を発しており、これは前例となってしまったので、向後は、内閣総理大臣が出す宣言は「国家非常事態宣言」という表現にした方がよい、と考えている。

なお、ドイツは、上述したように、その憲法たる「ドイツ連邦共和国基本法」に、その冒頭に基本的人権尊重規定を列記し、その上で、「国家非常事態対処規定」「国家非常事態宣言規定」を置いているが、今回の新型コロナウイルス大流行に当たって、いつ「国家非常事態宣言」を発するのか観察していたが、現時点では、そうした宣言は出ていないようである。

それは、ドイツの首相が、戦争勃発と異なり、インフルエンザや新型コロナウイルスの流行の場合は、下手に「国家非常事態宣言」を発し国民生活を制約すると、国がその補償をするのが大変なことを知っていたので、あえて「国家非常事態宣言」を出さないで対処したものと思う。

しかし、ドイツは、すでに、独立主権国家として、その「国家非常事態」の態様を、その基本法に明記してあるので、日頃から医療対応等々について、すでに法律の規定も用意してあったので、それら法律ですぐ対応したので感染者は多い割に、死者数は諸国に比べて少なく抑えられている、と解している。

日本の場合、他の諸国と異なり、日本国憲法の条文の中に「国家非常事態規定」そのものがなく、したがって、「国家非常事態宣言」規定も存在しない。

ただ、前述したように、平成二十四年に、インフルエンザが猛威をふるった時、時の民主党政権は、日本国憲法に規定がないのに、その下の法律で「新型インフルエンザ特別措置法」を作って対処した。

これは、近代民主主義国家の憲法が謳い、日本国憲法も明記する「基本的人権の大原則」を、多少なりとも制約した点で、法理論上、「上位法・下位法の原則」に反し、本来、憲法違反である。

ところが、今回の新型コロナウイルス流行拡大に伴い、安倍政権も、憲法を改正して「国家非常事態規定」も設けることなく、その民主党政権時代の「特別措置法」を踏襲して、憲法の基本的人権保障の大原則を多少なりとも制約するその「特別措置法」を改正して、今回の事態に対処した。この点、本来「改憲を謳う」政権として、誠に惜しい機会を逸したと言える。

日本も、「独立主権国家」というならば、近代諸外国憲法と同様、憲法を早く改正して、「国家非常事態対処規定」「国家非常事態宣言規定」を憲法に明記すべきである。

そうすれば、前述した法制度理論の原則である「上位法・下位法の原則」によって、ドイツのように、憲法の明文に従って、対処する法律を創り、こうした疫病流行による「国家非常（緊急）事態」に対して、常に準備しておく体制ができるのだから、筆者は日本も早く、憲法を改正して「国家非常事態対処規定」を新設し、その上で各種非常事態にすぐ対処しうる法律を整備しておくべきである、と考える。

清原淳平（きよはらじゅんぺい）

東京都出身。昭和33年早稲田大学大学院修士課程修了。博士課程3年目に、西武の創設者堤康次郎会長（元衆議院議長）の総帥秘書室勤務。その際、時の岸信介総理のご面識を得たご縁で、昭和53年秋より、逐次、岸信介元総理が創立された4団体の事務局長、常務理事、専務理事など執行役員を務める。

憲法関係では、昭和54年1月、岸信介会長より「自主憲法期成議員同盟」及び「自主憲法制定国民会議＝新しい憲法をつくる国民会議」の事務局長に任命される。後者の国民会議では、そののちに常務理事～専務理事～会長代行を経て、平成23年以降は会長。岸信介会長の志に基づいて40年以上、憲法改正運動を続けている。

お問い合わせ先（事務局多忙のため、まずはお電話ください。）
「自主憲法制定国民会議（＝新しい憲法をつくる国民会議）」
住　所　〒104-0028
東京都中央区八重洲2-6-16　北村ビル3階
電話番号　03-3581-1393（代表）
ＦＡＸ　03-3581-7233
ホームページアドレス　http://atarashii-kenpou.jp

現憲法に欠落の「緊急事態」新設を！

令和二年九月十六日　初版発行

著　者　清原淳平
発行者　手塚容子
印刷所　善本社製作部

〒101-0051　東京都千代田区神田神保町二-十四-一〇三
発行所　株式会社　善本社
TEL（〇三）五二一三-四八三七
FAX（〇三）五二一三-四八三八

ISBN978-4-7939-0484-4　C0032